AF311656

COLLECTION

DE

Feu M. Charles TURPIN

AQUARELLES

DESSINS

ET

OBJETS D'ART

Mᵉ **DUBOURG**
Commissaire-Priseur
Rue Laffitte, nᵒ 0

M. CHARLES MANNHEIM
Expert
rue Saint-Georges, 7.

PARIS — 1874

Vᵉ RENOU, MAULDE ET COCK

IMPRIMEURS DE LA COMPAGNIE DES COMMISSAIRES-PRISEURS

rue de Rivoli, 144.

CATALOGUE

D'UNE BELLE COLLECTION

AQUARELLES

ET

DESSINS

DES ÉCOLES ANGLAISE ET FRANÇAISE

PAR

Bentley, Bonington, Boys, Callow
Copley, Frédéric et Newton Fielding, Harding, Prout, C. Stanfield
H. Bellangé, de Boissieu, Charlet, Dauzats, Decamps

E. Delacroix, Géricault, Girodet, Granet, Grenier, Gué,
Mme Haudebourt-Lescot, Eugène Isabey, Alfred Johannot,
Nicolle, Prud'hon, Robert-Fleury, Camille Roqueplan,
Ary Scheffer, Siméon-Fort, Horace Vernet, Wille, etc.

BEAU TABLEAU

PAR SÉBASTIEN VRANCX ET JEAN BRUEGHEL LE JEUNE

BEAUX BRONZES

DES ÉPOQUES LOUIS XIV, LOUIS XV ET LOUIS XVI

Coffret du XVIe siècle en argent, Ivoires, Porcelaines de Chine et autres

GRANDS VASES LOUIS XVI EN ALBATRE ORIENTALE, MONTÉS EN BRONZE DORÉ

Bronzes d'ameublement, Meubles en bois sculpté et en marqueterie

OBJETS VARIÉS

Dépendant de la Succession de M. Charles TURPIN

Chevalier de la Légion d'honneur
Conservateur honoraire du Musée de Blois

PROVENANT DU CHATEAU DE VILLETARD, PRÈS BLOIS

ET DONT LA VENTE AURA LIEU

HOTEL DROUOT, SALLE N° 8

Les Jendi 5, Vendredi 6 et Samedi 7 Février 1874

A DEUX HEURES

Par le ministère de Me **DUBOURG**, Commissaire-Priseur,
rue Laffitte, 9,
Assisté de **M. CHARLES MANNHEIM**, Expert, rue Saint-Georges, 7.

EXPOSITIONS

PARTICULIÈRE		PUBLIQUE
Le Mardi 3 Février 1874		Le Mercredi 4 Février 1874

DE UNE HEURE A CINQ HEURES

PARIS — 1874

CONDITIONS DE LA VENTE

Elle sera faite au comptant.

Les Acquéreurs paieront CINQ POUR CENT, en sus des enchères.

CE CATALOGUE SE TROUVE :

A PARIS.................... Chez MM. DUBOURG, Commissaire-Priseur, rue Laffitte, 9.

— — MANNHEIM (Charles), Expert, rue Saint-Georges, 7.

— — PETIT (Francis), rue Saint-Georges, 7.

A LONDRES............... — AGNEW (Th.), et fils.

— — COLNAGHI, Pall Mell East.

— — DURLACHER (H.), 9, King street, Saint-James's.

— — DAVIS (F.), 51, Pall Mall.

A MANCHESTER........... — AGNEW (Th.), et fils.

A BERLIN................ — LEPKE, Unter den Linden, 4.

— — FIOCATI, Unter den Linden, 21.

A VIENNE............... — KAESER, Boegner Gasse, 2.

A FRANCFORT-SUR-MEIN. — LOEWENSTEIN frères, Zeil.

— — GOLDSCHMIDT frères, Zeil.

A ROTTERDAM............ — LAMME, Conservateur du Musée.

A BRUXELLES............. — LEROY (Ét.), Expert du Musée.

A SAINT-PÉTERSBOURG... — NEGRI, Perspective Newski.

A FLORENCE.......... .... — RIBLET, marchand de curiosités.

ORDRE DES VACATIONS

NOTA. — L'Ordre numérique ne sera pas suivi

Le Jeudi 5 Février 1874

Aquarelles et Dessins............................ Nᵒˢ   1 à 99

Le Vendredi 6 Février 1874

Aquarelles et Dessins............................ Nᵒˢ 100 à 203

Le Samedi 7 Février 1874

Bronzes d'art................................... Nᵒˢ 204 à 230
Objets variés ....   231 à 244
Porcelaines....................................   245 à 256
Bronzes d'ameublement.........................   257 à 266
Meubles ....   267 à 281

DÉSIGNATION

DES

AQUARELLES

————⌇⌇⌇————

ÉCOLE ANGLAISE

———

BENTLEY (CHARLES)

1 — Marine.

Grande et belle aquarelle, signée C. Bentley.

H. 34 c. L. 48 c.

BONINGTON (RICHARD-PARKES)

Né à Arnold, près Nottingham, en 1801, mort à Londres en 1828, élève
de son père, de l'école des Beaux-Arts et de Gros.

2 — Les Oies du père Philippe.

Aquarelle.

H. 9. c. L. 65 mill.

BONINGTON (Richard-Parkes)

Né à Arnold, près Nottingham, en 1801, mort à Londres en 1828, élève
de son père, de l'école des Beaux-Arts et de Gros.

3 — Sujet tiré d'un roman de lord Byron.

Aquarelle.

H. 10 c. L. 75 mill.

BOYS (Thomas)

4 — Vue de la place de l'Hôtel-de-Ville de Louvain,
animée par un grand nombre de figures.

Belle aquarelle, signée T. Boys, 1832.

H. 26 c. L. 35 c.

5 — La Porte Saint-Jean.

Aquarelle, signée T Boys, 1832.

H. 18 c. L. 13 c.

CALLOW (William)

6 — Marine.

Aquarelle, signée W. Callow, 1832.

H. 28 c. L. 39 c.

FIELDING (Copley)

7 — Marine.

Aquarelle.

H. 25 c. L. 43 c.

FIELDING (Copley)

8 — Paysage animé par quelques figures et des animaux.

Aquarelle, signée C. F., 1825.

H. 1! c. L. 19 c.

9 — Paysage montagneux, traversé par un cours d'eau.

Belle aquarelle, signée Copley Fielding, 1825.

H. 20 c. L. 30 c.

10 — Paysage.

Aquarelle.

H. 26 c. L. 39 c.

11 — Marine.

Aquarelle.

H. 28 c. L. 38 c.

FIELDING (Frédéric)

12 — Paysage.

Aquarelle.

H. 25 c. L.

FIELDING (Newton)

13 — Cerf poursuivi par un chien.

Aquarelle, signée Newton Fielding, 1825.

H. 19 c. L. 24 e.

FIELDING (Newton)

14 — Le Geai paré des plumes du paon.

Aquarelle, signée N.-F., 1827.

H. 21 c. L. 14 c.

15 — Canards dans un étang.

Belle aquarelle, signée Newton-Fielding, 1827.

H. 17 c. L. 24 c.

16 — Le Lion devenu vieux.

Aquarelle, signée N. F., 1827.

H. 20 c. L. 14 c.

Douze petites Aquarelles ovales représentant des Sujets tirés des Fables de La Fontaine.

17 — Le Renard et le Corbeau.
18 — Le Cerf se mirant dans l'eau.
19 — La Tortue et les deux Canards.
20 — Le Loup et la Cigogne.
21 — Les deux Chèvres.
22 — L'Ours et l'Amateur des jardins.
23 — Le Renard et le Bouc.
24 — Le Lièvre et la Perdrix.
25 — Les deux Pigeons.
26 — Les Taureaux et les Grenouilles.
27 — Les deux Coqs.
28 — Le Loup, la Chèvre et le Chevreau.

H. 12 c. L. 9 c.

FRANCIA, Père

29 — Marine.

Aquarelle, signée Francia.

H. 20 c. L. 28 c.

HARDING

30 — Paysage d'Italie, avec ruines et monuments, animé par un grand nombre de figures.

Aquarelle.

H. 22 c. L. 32 c.

31 — Paysage montagneux : Vue prise dans la Suisse italienne.

Belle aquarelle offrant au premier plan quantité de figures de paysans.

H. 22 c. L. 32 c.

PROUT (Samuel)

32 — Vue d'Utrecht.

Très-grande et belle aquarelle.

H. 71 c. L. 54 c.

33 — Monuments en ruines, visités par une Caravane anglaise.

Belle aquarelle.

H. 26 c. L. 39 c.

STANFIELD, R. A. (CLARKSON)

Né à Sunderland en 1793, mort à Londres en 1867.

34 — Le Château de Chillon.

Aquarelle, signée C. Stanfield, 1828. OEuvre capitale du maître, un des plus célèbres de l'École anglaise.

H. 21 c. L. 32 c.

ÉCOLES FRANÇAISE ET AUTRES

ALAUX (JEAN)

Membre de l'Institut
Né à Bordeaux en 1786, mort à Paris en 1864.

35 — Intérieur de cloître.

Sépia, signée Alaux, ancien directeur de l'École française,
à Rome.

H. 15 c. L. 11 c.

35 *bis* — Pêcheurs napolitains.

Sépia, signée 1825.

H. 19 c. L. 23 c.

BELLANGÉ (JOSEPH-LOUIS-HIPPOLYTE)

Né à Paris en 1800, il y mourut en 1866, élève de Gros.

36 — La Partie de cartes.

Un cuirassier et un lancier jouent aux cartes dans un
cabaret. Le maître du logis assiste à la partie. Au premier
plan, une jeune fille se coiffe du casque d'un des parte-
naires. Dans le fond, à gauche, des paysans sont attablés.
Belle aquarelle, signée H. Bellangé, 1832.

H. 29 c. L. 34 c.

**37 — Scène de buveurs : Soldats de la République, à
Naples.**

Belle aquarelle, signée H. Bellangé, 1832.

H. 31 c. L. 38 c.

BELLANGÉ (Joseph-Louis-Hippolyte)

Né à Paris en 1800, il y mourut en 1866, élève de Gros.

38 — Le Paysan malade. Composition de sept figures.

Aquarelle, signée H. Bellangé, 1832.

H. 30 c. L. 39 c.

39 — Marche de Grenadiers de la garde par un temps d'orage.

Aquarelle, signée H. Bellangé, 1825.

H. 15 c. L. 11 c.

40 — Le petit Marchand d'images.

Aquarelle, signée H. Bellangé, 1831.

H. 20 c. L. 15 c.

BOISSIEU (Jean-Jacques de)

Né à Lyon en 1736, il y mourut en 1810 ; élève de J. Frontier.

41 — Les Bulles de savon et Pigeon vole.

Deux charmants dessins à la mine de plomb : le premier composé de cinq figures, et le second de huit.
Chefs d'œuvre de l'artiste.

Diam. 92 mil.

42 — Paysage traversé par un cours d'eau.

Beau dessin à l'encre de Chine, signé D. B., 1786.

H. 15 c. L. 23 c.

BOURDON (Louis)

43 — Les trois Ages.
>Aquarelle, d'après Gérard.
>>H. 12 c. L. 15 c.

44 — L'Enlèvement des Sabines.
>Belle aquarelle, d'après David.
>>H. 16 c. L. 22 c.

45 — La Transfiguration.
>Aquarelle, d'après Raphaël.
>>H. 18 c. L. 12 c.

BOUTON (Charles-Marie)

Né à Paris en 1781, il y mourut en 1853; élève de David.

46 — Intérieur de chapelle.
>Sépia, signée Bouton.
>>H. 15 c. L. 11 c.

47 — Marche d'une procession dans un cloître.
>Aquarelle, signée Bouton.
>>H. 24 c. L. 18 c

48 — Intérieur de la cathédrale de Westminster.
>Belle sépia, signée Bouton.
>>H. 32 c. L. 24 c.

BOUTON (Charles-Marie)

Né à Paris en 1781, il y mourut en 1853; élève de David.

49 — Interieur d'église.

Peinture à l'huile sur soie.

H. 9 c. L. 7 c.

CASSAS (Louis-François)

Né à Azy-le-Féron en 1756, mort à Paris en 1827.

50 — Paysage et Monuments en ruines.

Grand dessin à l'aquarelle.

H. 48 c. L. 61 c.

CHARLET (Nicolas-Toussaint)

Né à Paris en 1792, il y mourut en 1845; élève de Gros.

51 — Parade de saltimbanques : *Le Grand Gigola*, animal féroce et sanguinaire, dévorant les enfants des deux sexes. Composition d'un grand nombre de figures.

Belle sépia.

H. 32 c. L. 40 c.

52 — Vieux Paysan, ancien militaire, jouant avec ses petits enfants.

Belle aquarelle, signée Charlet, 1828.

H. 15 c. L. 17 c.

CHARLET (Nicolas-Toussaint)

Né à Paris en 1792, il y mourut en 1845, élève de Gros.

53 — Groupe de cavaliers sous Louis XIV.

Jolie aquarelle, signée Charlet, 1829.

H. 13 c. L. 16 c.

54 — Jeune Garçon endormi au pied d'un arbre.

Aquarelle.

H. 17 c. L. 13 c.

55 — Scènes tirées de l'histoire de Don Quichotte.

Dix jolis petits dessins à la sépia, signés Charlet.

Hauteur de chacun d'eux, 9 c. L. 7 c.

CICÉRI (Pierre-Luc-Charles)

Né à Saint-Cloud en 1782, mort à Saint-Chéron en 1868; élève de l'architecte Bellangé.

56 — Ruines et Maisonnette : Effet de neige.

Aquarelle, signée Ciceri, 1822.

H. 17 c. L. 12 c.

COGNIET (Léon)

Né à Paris en 1794; élève de Guérin.

57 — Groupe de deux figures : Habitants de Nattuno (Italie).

Sépia, signée L. Coignet.

H. 14 c. L. 19 c.

COLIN (ALEXANDRE)

Né à Paris en 1798; élève de Girodet-Trioson.

58 — Jeune Suissesse assise dans un paysage.

Aquarelle, signée A. Colin.

H. 25 c. L. 20 c.

59 — Groupe de Pêcheurs au bord de la mer.

Aquarelle, signée Colin, 1831.

H. 18 c. L. 21 c.

COLLIN (Mlle ÉLISE)

60 — La Leçon de dessin. Composition de six figures d'enfants.

Aquarelle.

H. 13 c. L. 17 c.

COUDER (LOUIS-CHARLES-AUGUSTE)

Membre de l'Institut.

Né à Paris en 1790, il y est mort en 1873; élève de Regnault et de David.

61 — Frédégonde montrant à Chilpéric le corps de Galsuinthe, sa femme, qu'elle a fait assassiner.

Aquarelle, signée Aug. Couder.

H. 22 c. L. 17 c.

COUTAN (AMABLE-PAUL)

Né à Paris en 1792 et mort en 1837 ; élève de Gros.

62 — La Leçon de lecture.

Sépia, signée Coutan.

H. 24 c. L. 17 c.

DAGUERRE (LOUIS-JACQUES-MANDÉ)

Né à Cormeilles en 1789, mort en 1851 ; élève de Degotti.

63 — Deux pendants : Intérieurs de cloîtres.

Sépias.

H. 77 mil. L. 68 mil.

64 — Intérieur d'église.

Sépia.

H. 9 c. L. 7 c.

DAUZATS (ADRIEN)

Né à Bordeaux en 1808, mort à Paris en 1868 ; élève de J.-M. Gué.

65 — Groupe de paysans, montant les degrès d'une ancienne cathédrale.

Jolie aquarelle, signée Dauzats.

H. 30 c. L. 22 c.

66 — Vue de l'église cathédrale de Bordeaux.

Aquarelle, signée Dauzats. 1832.

H. 43 c. L. 30

DECAMPS (Alexandre-Gabriel)

Né à Paris en 1803, mort à Fontainebleau en 1860 ; élève d'Abel de Pujol.

67 — Soldat grec tirant sur les Turcs.

Aquarelle, signée Decamps.

H. 20 c. L. 17 c.

DELACROIX (Ferdinand-Victor-Eugène)

Né à Charenton-Saint-Maurice en 1798, mort à Paris en 1863; élève de Guérin.

68 — Monaldeschi, écuyer de la reine Christine, se rendant à la galerie des Cerfs, à Fontainebleau, où il fut assassiné.

Aquarelle signée Eug. Delacroix.

H. 18 c. L. 14 c.

DESENNE (Alexandre)

Né à Paris en 1783, mort en 1827.

69 — Jupiter et Léda.

Dessin à l'aquarelle, d'après le Corrége.

H. 10 c. L. 14 c.

DUCHEMIN

70 — L'Adoration de la Vierge.

Joli dessin à l'aquarelle, d'après le célèbre tableau de Van Eyck, du Musée du Louvre.
Musée Filhol.

H. et L. 115 mill.

DUCHEMIN

71 — Le Concert.

Aquarelle, d'après Le Valentin.

H. 11 c. L. 13 c.

DUCIS (Louis).

Élève de David.

72 — Van Dyck et sa Maîtresse.

Aquarelle ovale, signée Ducis.

H. 15 c. L. 11 c.

ENFANTIN

(Barthélemy-Prosper), dit le père Enfantin

Né à Paris en 1796, mort en 1864.

73 — Paysage.

Sépia, signée P. Enfantin, 1822.

H. 14 c. L. 19 c.

FINART (Noel-Dieudonné)

Né à Condé en 1797.

74 — Marche de cavaliers égyptiens.

Aquarelle, signée D. Finart, 1831.

H. 34 c. L. 47 c.

FRAGONARD (Alexandre-Évariste)

Né à Grasse en 1783, mort en 1850, élève de David.

75 — Marion Delorme se faisant tirer les cartes.

Aquarelle, signée Fragonard.

H. 15 c. L. 11 c.

FRIBOURG

76 — Le Christ au tombeau, d'après Dietricy.

Aquarelle.

H. 15 c. L. 11 c.

GARNERAY (Ambroise-Louis)

Né à Paris en 1783, mort en 1858.

77 — Marine.

Aquarelle, signée L. Garneray.

H. 28 c. L. 38 c.

GASSIES (Jean-Baptisté)

Né à Bordeaux en 1786, mort en 1832, élève de Vincent et de Lacour.

78 — Paysage à la fumée.

H. 75 mill. L. 11 c.

GERARD

79 — Daphnis, d'après l'églogue de Virgile.
Sépia.
H. 21 c. L. 15 c.

80 — Le Combat de la flûte.
Dessin à la sépia rehaussée, fait pour le Virgile de Didot.
H. 21 c. L. 15 c.

GÉRICAULT (Jean-Louis-André-Théodore)

Né à Rouen en 1791, mort à Paris en 1824, élève de Carle Vernet et de Guérin.

81 — Trois Chevaux de trait à l'écurie.
Belle aquarelle.
H. 20 c. L. 24 c.

82 — Portrait du général Kléber, monté sur un cheval blanc et entouré de ses officiers.
Aquarelle.
H. 14 c. L. 19 c.

GESSNER (Salomon)

Né à Zurich en 1734, mort en 1788.

83 — Paysage suisse.
Dessin à l'aquarelle, provenant de la Collection du comte de Bastard.
H. 11 c. L. 16

GIRODET-TRIOSON (ANNE-LOUIS)

Né à Montargis en 1767, mort à Paris en 1824, élève de David.

84 — Le Mariage de Napoléon Ier et la Naissance du roi de Rome. Compositions allégoriques.

> Deux jolis dessins au crayon noir rehaussé sur papier teinté.

H. 16 c. L. 13 c.

85 — Deux pendants : Figures de Muse et de la Victoire. Sujets tirés d'Ossian.

> Dessins rehaussés sur papier teinté.

H. 45 c. L. 58 c.

86 — Le Sacrifice d'Énée.

> Dessin rehaussé, fait pour le Virgile de Didot.

H. 21 c. L. 15 c.

GOSSE (NICOLAS)

Né à Paris en 1787, élève de Vincent.

87 — Deux pendants : l'Innocence et l'Amour implorant son pardon.

> Sépias, signées N. Gosse, 1828.

H. 17 c. L. 12 c.

88 — La Toilette de Vénus.

> Sépia, signée N. Gosse, 1828.

H. 16 c. L. 21 c.

GRANET (François-Marius)

Né à Aix en 1775, il y mourut en 1849, élève de Constantin et de David.

89 — Vue de Pouzzoles, près de Naples.

Aquarelle.

H. 12 c. L. 17 c.

90 — Lavoir de couvent.

Aquarelle, signée Granet.

H. 12 c. L. 15 c.

91 — Vue de Naples, prise du palais de la Reine-Jeanne.

Aquarelle.

H. 12 c. L. 16 c.

GRENIER DE SAINT-MARTIN
(Francisque-Martin), dit François GRENIER

Né à Paris en 1793, mort en 1867, élève de Guérin.

92 — Ah! voici monsieur le Curé.

Aquarelle, signée F. Grenier.

H. 20 c. L. 26 c.

93 — Le vieux Grenadier.

Jolie sépia, signée F. Grenier.

H. 16 c. L. 11 c.

GRENIER DE SAINT-MARTIN

(Francisque-Martin), dit François GRENIER

Né à Paris en 1793, mort en 1867, élève de Guérin.

94 — Le Garçon boulanger.

Sépia, signée F. Grenier.

H. 17 c. L. 12 c.

95 — Le Braconnier.

Jolie aquarelle, signée F. Grenier.

H. 17 c. L. 12 c.

96 — Scène de famille villageoise au bord de la mer.

Aquarelle, signée F. Grenier.

H. 16 c. L. 22 c.

97 — Les Moissonneurs.

Dessin à la sépia, signé F. Grenier.

H. 14 c. L. 21 c.

GUDIN (Théodore)

Né à Paris en 1802, élève de Girodet-Trioson.

98 — Marine.

Aquarelle, signée T. Gudin.

H. 16 c. L. 27 c.

99 — Vue prise au bord de la mer.

Aquarelle.

H. 21 c. L. 31 c.

GUÉ (Oscar)

Né à Bordeaux en 1809, élève de Julien Gué, son père.

100 — Paysage avec chaumière.

Aquarelle, signée Gué, 1830.

H. 22 c. L. 32 c.

101 — Vue d'une ancienne porte, à Bordeaux.

Aquarelle, signée Oscar Gué, 1834.

H. 38 c. L. 30 c.

102 — Paysage offrant au premier plan un monument surmonté d'une croix, au pied duquel sont rassemblés des paysans et des enfants.

Belle aquarelle, signée Gué, 1832.

H. 46 c. L. 37 c.

103 — Sortie d'une procession d'un ancien cloître.

Belle aquarelle, signée Gué, 1832.

H. 28 c. L. 39 c.

HAUDEBOURT-LESCOT
(Mme HORTENSE-VICTOIRE)

Née à Paris en 1784, morte en 1845, élève de Lethière.

104 — Sancho faisant lire à la Duchesse la lettre de Thérésa Pansa.

Aquarelle, signée Haudebourt-Lescot.

H. 27 c. L. 21 c.

HAUDEBOURT-LESCOT

(Mme HORTENSE-VICTOIRE)

Née à Paris en 1784, morte en 1845, élève de Lethière.

105 — Moine assis sur une colonne couchée.

Aquarelle, signée Lescot Haudebourt.

H. 14 c. L. 11 c.

106 — Les deux Lectures.

Aquarelle, signée Haudebourt-Lescot.

H. 27 c. L. 22 c.

HERSENT (LOUIS)

Né à Paris en 1777, mort en 1860, élève de Regnault.

107 — Le Président de Lamoignon conciliant des paysans.

Dessin à la sépia.

H. 11 c. L. 85 mill.

HUBERT (J.-B.-L.)

108 — Paysage et vues d'églises.

Deux sépias, signées Hubert, 1824.

H. 14 c. L. 10 c.

INCONNUS

109 — Deux pendants : Cour de ferme et Intérieur de
cour avec figures.

Aquarelles.

H. 18 c. L. 14 c.

110 — Quatre Portraits de personnages célèbres, d'après
Rembrandt et autres.

Dessins ovales au crayon noir, montés dans un même
cadre.

H. de chaque dessin, 10 c. L. 8 c.

111 — Quatre Portraits de personnages célèbres, d'après
Rembrandt et autres.

Dessins ovales au crayon, montés dans un même cadre.

H. de chaque dessin, 10 c. L. 8 c.

ISABEY (Eugène)

Né en 1804, élève de Jean-Baptiste Isabey, son père.

112 — Intérieur de cour de maison de pêcheur.

Grande et belle aquarelle rappelant, par la vigueur de son
exécution les œuvres de Decamps. Signée Isabey, 1832.

H. 46 c. L. 36 c.

JASSAUD (Aug. de)

113 — Agnès de Méranie recevant la lettre de Philippe-
Auguste qui lui annonce son divorce.

Signée Aug.

H. 24 c. L. 20 c.

JASSAUD (Aug. de)

114 — Scène de festin au moyen-âge.

Aquarelle, signée Aug.

H. 12 c. L. 95 mill.

JOHANNOT (Alfred)

Né en 1800 à Offenbach-sur-Mein, mort en 1837.

115 — Scène de famille. Groupe de trois figures.

Aquarelle, signée Alfred Johannot, 1832.

H. 21 c. L. 14 c.

116 — La Grand'Mère lisant la Bible, scène de famille sous Louis XIII.

Aquarelle, signée Alfred Johannot, 1829.

H. 22 c. L. 18 c.

KNIP (Martin-Thierry)

Né à Tilbourg en 1785, mort en 1845.

117 — Paysage avec étang et chaumière.

Aquarelle.

H. 26 c. L. 33 c.

LE BRUN (Mme TRIPIER-LEFRANC), née EUGÉNIE

Élève de Regnault.

118 — Portrait de l'artiste par elle-même.

> Pastel portant l'inscription suivante : Mlle Le Brun, pour son ami M. Briffaut, 1818.

H. 25 c. L. 20 c.

LECOMTE

119 — Vaches dans une prairie.

> Aquarelle, d'après Paul Potter.

H. 11 c. L. 15 c.

LEPRINCE (A.-XAVIER)

Né à Paris en 1799, mort à Nice en 1826.

120 — Pêcheurs.

> Sépia, signée A.-X. Leprince, 1823.

H. 22 c. L. 28 c.

121 — Scène villageoise.

> Aquarelle, signée A.-X. Leprince, 1825.

H. 12 c. L. 19 c.

122 — L'Arrivée du voyageur.

> Sépia, signée A.-X. Leprince, 1822.

H. 18 c. L. 24 c.

LEROY (SÉBASTIEN)

Élève de Peyron.

123 — Le Mariage d'Antiochus.

Aquarelle, d'après le chevalier Van der Werf.

H. 14 c. L. 11 c.

124 — Le Marquis de Moncade.

Aquarelle, d'après Van Dyck.

H. 14 c. L. 11 c.

125 — La Madeleine dans le désert.

Sépia, d'après le chevalier Van der Werf.

H. 14 c. L. 10 c.

126 — Le Jugement de Salomon.

Aquarelle, d'après le Poussin.

H. 11 c. L. 16 c.

127 — Ananie et Saphire

Aquarelle, d'après le Poussin.

H. 11 c. L. 18 c.

128 — Portrait du Poussin.

Aquarelle, d'après le Poussin.

H. 11 c. L. 9 c.

129 — La Famille Netscher.

Aquarelle, d'après Gaspar Netscher.

H. 13 c. L. 11 c.

LEROY (Sébastien)

Élève de Peyron.

130 — La Justice et la Vengeance divine poursuivant le crime.

Aquarelle, d'après Prud'hon.

H. 14 c. L. 16 c.

131 — La Descente de croix.

Dessin à l'aquarelle, d'après Rubens.

H. 16 c. L. 11 c.

MALLET (Jean-Baptiste)

Né à Grasse en 1759 élève de Simon Julien, de Prud'hon et de Mérimée.

132 — Le Baptème.

Aquarelle, signée Mallet, 1824.

H. 22 c. L. 18 c.

133 — Héloïse lisant à une autre religieuse une lettre d'Abelard.

Aquarelle, signée Mallet.

H. 22 c. L. 17 c.

MICHALLON (Achille-Etna)

Né à Paris en 1796, il y mourut en 1822, élève de David, de Valenciennes, de Bertin et de Denouy.

134 — Paysage d'Italie.

Sépia, signée Michallon, 1822.

H. 14 c. L. 19 c.

MILACHOWSKY

135 — Lanciers de la garde chargeant des cuirassiers au-
trichiens.

Aquarelle.

H. 34 c. L. 25 c.

136 — Cavalier en costume du temps de Louis XIII.

Aquarelle.

H. 34 c. L. 25 c.

MONVOISIN (Raymond-Auguste-Quinsac)

Né à Bordeaux en 1793, élève de Guérin.

137 — Dévotion à la madone.

Aquarelle.

H. 20 c. L. 27 c.

138 — Groupe de brigands italiens.

Aquarelle, signée Monvoisin, 1825.

H. 21 c. L. 28 c.

MOZIN (Charles)

Né à Paris en 1800, mort en 1862, élève de Xavier Leprince.

139 — Scène de pêcheurs au bord de la mer, à marée
basse.

Aquarelle, signée C. Mozin, 1831.

H. 19 c. L. 29 c.

NICOLLE (V.-J.)

140 — Deux Pendants : le Château Saint-Ange et le
Panthéon, à Rome.

H. 25 c. L. 41 c.

141 — Deux pendants : Bords du Tibre, Place publique à
Rome.

Aquarelles, signées V.-J. Nicolle.

H. 18 c. L. 31 c.

142 — Deux Pendants : Vues d'Italie.

Aquarelles ovales.

H. 9 c. L. 10 c.

143 — Vue de Saint-Etienne-le-Rond, à Rome.

Aquarelle, signée V.-J. Nicolle.

H. 20 c. L. 31 c.

144 — Deux Pendants : Vues de Notre-Dame de Paris et
de la Porte Saint-Denis.

Aquarelles.

H. 65 mill. L. 70 mill.

145 — Deux Vues du Colysée, à Rome.

Aquarelles.

H. 57 mill. L 85 mill.

146 — Deux Pendants : Prière à la madone et intérieur
d'église.

H. 85 mill. L. 6 c.

NICOLLE (V.-J.)

147 — Vue de la Colonne Trajane, à Rome.

Aquarelle.

H. 13 c. L. 85 mill.

148 — Deux Pendants : Obélisque du palais pontifical de Saint-Jean de Latran et Vue de la Place de Sainte-Marie-Majeure, à Rome.

H. 13 c. L. 9 c.

149 — Vue de la Colonne Trajane, à Rome.

Aquarelle.

H. 13 c. L. 9 c.

150 — Vue du Colisée, à Rome.

Aquarelle, signée V.-J. Nicolle.

H. 20 c. L. 31 c.

151 — Vue de Cloître et Ruines antiques, à Rome.

Aquarelle, signée V.-J. Nicolle.

H. 21 c. L. 31 c.

152 — Vue du Campo-Vaccino, avec les trois colonnes du temple de Jupiter Stator.

Aquarelle, signée V.-J. Nicolle.

H. 20 c. L. 31 c.

PARANT (Louis-Bertin)

Né à Mer (Indre), élève de J. Leroy.

153 — La Paix et la Guerre.

Deux dessins à la sépia, signés L.-B. Parant.

H. 17 c. L. 21 c.

154 — Deux Médaillons ovales peints à l'imitation de camées : Têtes d'Auguste et de Virgile.

Cadres en bois noir et bronze doré au mat.

H. 12 c. L. 10 c.

155 — Deux Médaillons ovales, peints à l'imitation de camées : Sujets de style antique.

Cadres en bois noir et bronze.

H. 12 c. L. 10 c.

PERNOT (François-Alexandre)

Né à Vassy (Haute-Marne) en 1793, mort en 1865, élève de Bertin.

156 — Paysage en Suisse.

Dessin à l'aquarelle, signé F.-A. Pernot, 1826.

H. 14 c. L. 21 c.

157 — Paysage ; effet de lune.

Dessin à l'aquarelle, signé Pernot, 1826.

157 bis — Dans le même cadre : Intérieur d'atelier.

Dessin à l'aquarelle.

H. totale 37 c. L. 24 c.

PLONSKY

158 — Dame hollandaise à sa toilette, d'après Terburg.

H. 14 c. L. 10 c.

159 — Portrait de Rembrandt, d'après lui-même.

Aquarelle.

H. 11 c. L. 10 c.

160 — L'Adoration des mages.

Aquarelle, d'après Dietricy.

H. 14 c. L. 11 c.

161 — La Visite au médecin.

Aquarelle, d'après Schalk.

H. 13 c. L. 105 mill.

162 — La Présentation au temple.

Aquarelle, d'après Rembrandt.

H. 17 c. L. 11 c.

163 — Le bon Samaritain.

Aquarelle, d'après Rembrandt.

H. 11 c. L. 14 c.

164 — Elcana présentant Samuel enfant au grand-prêtre
des Juifs.

Aquarelle, d'après Eckhout.

H. 11 c. L. 14 c.

PLONSKY

165 — La Circoncision.

> Aquarelle, d'après Ferdinand Bol.
>
> H. 14 c. L. 11 c.

PRUD'HON (Pierre-Paul)

Né à Cluny en 1758, mort en 1823, élève de Desvoges.

166 — L'Amour essayant l'effet de son flambeau.

> Dessin rehaussé de blanc sur papier teinté, du plus beau faire du maître.
>
> Collection du Sommerard.
>
> H. 37 c. L. 30 c.

167 — Tête d'enfant de trois quarts et tournée à droite.

> Beau Dessin au crayon rehaussé de blanc, sur papier gris.
>
> H. 31 c. L. 25 c.

REDOUTÉ (Pierre-Joseph)

Né à Saint-Hubert en 1759, mort à Paris en 1840, élève de Charles-Joseph Redouté, son père.

168 — Rose mousseuse.

> Joli dessin à l'aquarelle, signé P.-J. Redouté, 1826.
>
> H. 25 c. L. 20 c.

RENOUX

169 — Intérieur de cloître.

> Aquarelle, signée Renoux, 1825.

> H. 20 m. L. 16 c.

RICHARD (L.), le jeune

> Né à Lyon en 1777, il y mourut en 1852, élève de David.

170 — Louis XI dans ses cuisines.

> Sépia, signée L. Richard, 1828.

> H. 16 c. L. 20 c.

ROBERT-FLEURY

(JOSEPH-NICOLAS-ROBERT FLEURY, dit)

> Né à Cologne en 1797, élève de Girodet, de Gros et d'Horace Vernet.

171 — L'abbé Cotin à l'hôtel de Rambouillet, lisant un sonnet de sa composition.

> Jolie Aquarelle composée de quatre figures, signée Robert Fleury, 1832.

> H. 24 c. L. 21 c.

ROGER (ADOLPHE)

> Né à Palaiseau en 1797, élève de Gros.

172 — Cavaliers attaqués par un taureau.

> Dessin à la sépia, signé Roger, 1829.

> H. 24 c. L. 32 c.

ROGER (Adolphe)

Né à Palaiseau en 1797, élève de Gros.

173 — Vue du pont des Arts.

Dessin à l'aquarelle.

H. 12 c. L. 19 c.

174 — Paysage.

Aquarelle.

H. 11 c. L. 8 c.

ROQUEPLAN

(Joseph-Étienne-Camille-Rocoplan, dit)

Né à Malemort en 1802, mort en 1855, élève de Gros et d'Abel de Pujol

175 — Une Déclaration.

Sépia, signée Ce Roqueplan.

H. 15 c. L. 10 c.

176 — Groupe de deux figures : Déclaration.

Aquarelle.

H. 16 c. L. 12 c.

177 — Paysage avec rivière.

Aquarelle, signée Cte Roqueplan.

H. 12 c. L. 19 c.

SCHEFFER (Ary)

Né à Dordrecht en 1795, mort à Paris en 1858, élève de l'Académie
d'Anvers et de Guérin.

178 — Le Retour de la croisade (Ballade de Lénore).

> Collection du prince d'Essling. Signée A. Scheffer. Cette
> aquarelle, l'une des plus importantes du maître, est gravée.
>
> H. 30 c. L. 44 c.

179 — Les Femmes Souliotes.

> Aquarelle, première pensée du tableau du Musée du
> Luxembourg, signée A. Scheffer.
>
> H. 22 c. L. 31 c.

180 — Le Giaour.

> Aquarelle, signée A. Scheffer.
>
> H. 30 c. L. 21 c.

181 — Les Victimes de Missolonghi.

> Épisode de la guerre de l'Indépendance de la Grèce. Aqua-
> relle signée Ary Scheffer.
>
> H. 25 c. L. 21 c.

182 — Paysan et ses petits Enfants dans un paysage.

> Aquarelle, signée A. Scheffer.
>
> H. 23 c. L. 17 c.

183 — Scène de l'invasion.

> Grande et belle aquarelle. Composition d'un grand nombre
> de figures. Signée A. Scheffer.
>
> H. 28 c. L. 39 c.

SCHEFFER (Ary)

Né à Dordrecht en 1795, mort à Paris en 1858, élève de l'Académie
d'Anvers et de Guérin.

184 — Le Baptême : Arrivée à l'église.

Belle aquarelle, signée A. Scheffer.

H. 28 c. L. 36 c.

SCHNETZ (Jean-Victor)

Membre de l'Institut.

Né à Versailles en 1787, mort à Paris en 1870, élève de Regnault, de Gros
et de Gérard.

185 — L'Assaut.

Dessin à la sépia, rehaussé de blanc, signé Schnetz.

H. 18 c. L. 13 c.

186 — Soldat de la République en Italie.

Sépia, signée V. Schnetz. Rome, 1822.

H. 18 c. L. 13 c.

SIMÉON FORT (Jean-Antoine-Siméon, dit)

Né à Valence en 1793, élève de Brune.

187 — Paysage avec chûte d'eau.

Aquarelle.

H. 26 c. L. 38 c.

THIBAUT (J.-T.)

Né à Montierender en 1757, mort en 1826.

188 — Vue de la Villa Madame.

Dessin au lavis.

H. 21 c. L. 31 c.

189 — Statue dans un parc.

Dessin à l'aquarelle.

H. 12 c. L. 05 mill.

190 — Paysage.

Sépia portant le monogramme de l'artiste.

H. 15 c. L. 21 c.

191 — Portique orné de bas-reliefs.

Aquarelle, signée J. T. T., 1811.

H. 23 c. L. 16 c.

THIERRY (GUILLAUME)

Né à Bruchsal en 1766, mort en 1823, élève de Kobell.

192 — Portique d'architecture gothique.

Aquarelle.

H. 27 c. L. 37 c.

THOMAS (Antoine)

Né à Paris en 1791, mort en 1833.

193 — Le Serpent.

Aquarelle, signée Thomas, 1821.

H. 17 c. L. 11 c.

194 — Scène de mascarade italienne.

Aquarelle, signée Thomas, 1821.

H. 19 c. L. 14 c.

VASSEROT (J.)

195 — Paysage hollandais.

Aquarelle, d'après Van der Heyden.

H. 11 c. L. 13 c.

196 — Vue d'Italie.

Aquarelle, d'après B. Breemberg.

H. 11 c. L. 14 c.

197 — Jésus chez Marthe et Marie.

Dessin à l'aquarelle.

H. 11 c. L. 16. c.

VAUZELLES (Jean-Lubin)

Né à Engerville en 1776, élève de Hubert Robert.

198 — Vue prise dans l'Alhambra de Grenade.

Aquarelle.

H. 39 c. L. 30 c.

VILLERET (FRANÇOIS)

Né en 1800, élève de Gué.

199 — Vue intérieure de Saint-Germain-l'Auxerrois, à Paris,

Aquarelle, signée Villeret, 1833.

H. 24 c. L. 31 c.

VERNET (HORACE)

Membre de l'Institut.

Né à Paris, en 1789, mort en 1863, élève de Carle Vernet, son père.

200 — La Ronde major.

Dessin à la sépia, signé H. Vernet, 1822.

H. 16 c. L. 23 c.

WEIDMANN (J.)

201 — Paysage suisse.

Aquarelle, signée J. Weidman, *fecit*

H. 16 c. L. 12 c.

WILLE (J.-A.)

202 — La Noce de village.

Grand et magnifique dessin rehaussé, signé J. A. Wille *filius faciebat*, 1809.

H. 66 c. L. 98 c.

TABLEAU

PAR

Sébastien Vrancx et Jean Breughel le jeune

203 — **Grande Salle de palais flamand, dont les murs sont couverts de tableaux** : l'archiduc Albert VI d'Autriche et l'infante Isabelle occupent le premier plan. Ils sont vêtus de riches costumes de l'époque; des chiens et des singes les entourent. Au fond, à droite, une porte entr'ouverte permet de voir trois lansquenets vêtus de noir. A droite du tableau et au premier plan divers personnages examinent un tableau appuyé sur une chaise; l'un d'eux semble étudier une sphère placée sur une table chargée de livres et de coquillages. Une autre table couverte d'un tapis à fond rouge, est placée devant les fenêtres. Près de cette table sont deux groupes composés chacun de deux figures qui paraissent faire partie de la suite des princes. Des objets d'art sont posés sur un meuble qui occupe le fond du tableau et des vases de fleurs, ainsi que des fragments de statues sont au premier plan à gauche.

Cadre en bois sculpté et doré du temps.

Panneau. — H. 94 c. L. 1 m. 21 c.

OBJETS D'ART

ET DE

CURIOSITÉ

BRONZES D'ART

204 — Grand et magnifique Groupe de deux figures en bronze, du temps de Louis XIV, représentant Daphnée poursuivie par Apollon et changée en laurier. Très-belle patine.
Haut., avec socle à moulures, 95 cent.

205 — Grand et beau Buste en bronze, grandeur nature : le Cardinal de Richelieu. Ouvrage de l'époque.

206 — Joli Groupe en bronze : Vénus sur son char lutinant l'Amour (époque Louis XV).

207 — Deux très-belles Figures en bronze : Vénus accroupie et le Rémouleur ; sur socles rocaille en bronze ciselé et doré. Beau travail du temps de Louis XV.

208 — Deux jolies Figures en bronze, du temps de Louis XV : Enfants à demi-couchés : l'un tient un arc, et l'autre un cep de vigne.

209 — Joli Groupe en bronze, d'après CLODION : Femme satyre et Enfants satyres. Ouvrage du temps.

210 — Petit Groupe en bronze : Cheval et Lion combattant ;
sur socle à moulures en bois noir (xviie siècle).

211 — Petite Figure d'Hercule en bronze (xvie siècle).

212 — Deux Médaillons ronds, en bronze, à sujets en
bas-relief, d'après Clodion : Bacchantes et Enfants.

213 — Joli Groupe de deux figures en bronze : Sujet
mythologique ; sur socle en marbre grisâtre
sculpté à feuilles. Travail italien du xviie siècle.

214 — Grand et beau Groupe en bronze, modèle connu
sous le nom du Taureau Farnèse ; sur socle en
bronze doré. Travail italien du xvie siècle.

215 — Deux Figurines en bronze : Jupiter et Junon ; sur
socles en marbre jaune de Sienne.

216 — Deux Groupes en bronze : les Chevaux de Marly ;
sur socles en marqueterie de cuivre et écaille
rouge, garnis de bronzes vernis.

217 — Grande Figure en bronze : Milon de Crotone.

218 — Petite Figure en bronze: le Tireur d'épines.

219 — Grand Groupe en bronze : les Lutteurs, d'après
l'antique.

220 — Deux jolis Vases, de forme ovoïde, à deux anses,
en bronze, enrichis de guirlandes de fleurs,
de mascarons et d'ornements, dans le style de la
Renaissance; sur socles en marbre vert de
mer.

221 — Deux petits Bustes de Bacchantes en bronze, sur
socles de marbre blanc.

222 — Antinoüs, statuette en bronze; sur socle de
marbre blanc.

223 — Groupe de deux Figures en bronze, d'après Clodion :
Satyre et Bacchante.

224 — Deux Groupes en bronze : Enlèvement d'Orithye
par Borée, et Enlèvement de Proserpine par
Pluton; sur socles en marqueterie.

225 — Groupe en bronze : Laocoon et ses fils, d'après
l'antique ; sur socle en marbre griotte d'Italie,
formant pendule.

226 — Deux petits Groupes en bronze : Jeux d'enfants, composés chacun de trois figures; sur socles en phorphyre de Suède.

227 — Figure de Gladiateur blessé, en bronze ; sur socle en marbre noir.

228 — Groupe en bronze, de style Louis XIV : Enée sauvant son père Anchise et suivi de son fils Ascagne; sur socle en marbre.

229 — Groupe en bronze : Bacchante sur un bouc.

230 — Deux Bas-reliefs ovales en cuivre : Saint Pierre et saint Paul.

—

OBJETS VARIÉS

231 — Beau Coffret, de forme rectangulaire, à couvercle bombé, en argent frappé, à rosaces et ornements, et à moulures et rosaces rapportées en relief en cuivre doré. Les extrémités offrent deux médaillons ronds en argent : l'un d'eux représente un empereur romain et l'autre un buste d'homme en costume du xvie siècle. Travail du xvie siècle.

232 — Buire en ivoire sculpté, à figures et ornements dans le style de la Renaissance, et montée en vermeil.

233 — Bas-relief, sans fond, en marbre tendre : Adam et Ève dans le Paradis terrestre (xvie siècle).

234 — Petite Horloge allemande en cuivre doré, de forme carrée, et à clocheton.

235 — Vase en jaspe, de forme droite, à pans, monté en bronze doré et avec socle en jaspe de Sicile et bronze doré.

236 — Coupe en bronze, modèle dit de Benvenuto Cellini ; sur socle analogue à celui de la pièce qui précède.

237 — Deux jolies Colonnettes en spath fluor, montées en bronze doré et surmontées de figurines de Victoire. Elles sont posées sur des socles en phorphyre rouge oriental.

238 — Deux petites Buires en bronze doré ; sur socles en serpentin d'Egypte.

239 — Deux petites Coupes ovales en agate, montées à anses en bronze doré.

240 — Deux petits Vases ovoïdes en spath fluor, montés en bronze doré.

241 — Vase à couvercle, sur pied à balustre en ivoire sculpté, à bustes et ornements ; l'un des bustes représente la grande Catherine de Russie.

242 — Petit Vase en ivoire sculpté en bas-relief, à sujet de style flamand. La monture est en argent doré (xviiᵉ siècle).

243 — Coffret en argent, à sujets de style antique, en bas-relief.

244 — Boîte-Écritoire en bois sculpté. Travail de Bayard, de Nancy.

PORCELAINES

245 — Deux beaux Plats en ancienne porcelaine du Japon, à décors en bleu rouge et or, à fleurs et figures.

246 — Deux Plats, de mêmes porcelaine et qualité, décorés de fleurs et d'ornements.

247 — Plat à barbe en ancienne porcelaine de Chine, décoré de fleurs et d'ornements.

248 — Deux jolis petits Vases en forme de flacon à pans, en ancienne porcelaine de Chine, décorés de fleurs et montés en bronze doré.

249 — Deux petits Vases en porcelaine de Chine, décorés de fleurs en rouge de cuivre et or.

250 — Deux petits Vases en forme de cornet, montés en bronze.

251 — Deux Assiettes et deux Compotiers en ancienne porcelaine de Chine, décorés de fleurs et d'ornements.

252 — Petit Plat en ancienne porcelaine de Chine, décoré d'oiseaux et d'ornements.

253 — Deux petits Bols en ancienne porcelaine du Japon.

254 — Deux Jardinières carrées en porcelaine dure, à fond vert, décorées de fleurs et montées en bronze finement ciselé et doré.

255 — Deux petits Vases en vieux Sèvres, pâte tendre,
fond bleu turquoise, à médaillons de fleurs. Ils
sont montés en buire en bronze doré.

256 — Sucrier en forme de vase, en ancienne faïence de
Rouen, à décor en camaïeu bleu.

BRONZES D'AMEUBLEMENT

257 — Deux grands et beaux Vases, de forme ovoïde, en
albâtre orientale, garnis de belles montures
en bronze ciselé et doré, à mascarons et guirlandes de fleurs. Travail français du temps de
Louis XVI.

Haut. 75 cent.

258 — Deux jolis petits Vases ovoïdes en granit vert
oriental, montés en bronze doré au mat et sur
socles en marbre vert de mer, à tores de lauriers
en bronze doré (époque Louis XVI).

259 — Pendule, de forme cintrée, en marbre orbiculaire
de Corse, montée en bronze doré.

260 — Deux Vases ou Buires en bronze, à frises ornées
de jeux d'enfants en relief et anses formées d'un
tigre debout; socles en marbre.

261 — Grande et belle Lanterne d'antichambre, du temps
de Louis XVI, en bronze finement ciselé et doré,
et à six branches porte-lumières.

262 — Pendule de suspension, avec socle, du temps de
Louis XV, en bois noir, richement garnie de
bronzes. Elle est surmontée d'un groupe composé d'un enfant monté sur un cheval marin.

263 — Galerie de cheminée, du temps de Louis XVI, en
bronze ciselé et doré, à sphinx, sur socle carré
orné de rosaces et à galerie garnie de balustres.

264 — Petit Guéridon, à dessus en mosaïque de Florence,
monté sur trois pieds en bronze, à têtes et pieds
de lion.

265 — Cinq jolis Pendentifs, formés de fleurs, en bronze
finement ciselé. Travail du temps de Louis XVI.
Dans un cadre doré.

266 — Grand Bougeoir en bronze ciselé et doré.

MEUBLES

267 — Joli Meuble, à deux corps et à quatre portes, en bois sculpté, enrichi de colonnettes détachées, de mascarons et d'ornements. Les portes représentent les quatre parties du monde ; le fronton découpé offre à son centre une figure de David, vainqueur de Goliath. Travail de la fin du XVIe siècle.

268 — Grand Meuble-Étagère en bois sculpté, à montants ornés de figurines, mascarons, etc. (XVIIe siècle.)

269 — Table en bois sculpté, à piliers ornés de cariatides d'animaux ailés, de mascarons et d'ornements, dans le style du XVIe siècle.

270 — Trois petites Tables-Consoles en bois sculpté, à quatre pieds ornés de bustes de satyres et entre-jambes orné d'un vase.

271 — Petite Banquette en bois sculpté, du XVIe siècle, décorée de mascarons et d'ornements.

272 — Bibliothèque en marqueterie de cuivre et écaille
rouge, garnie de bronzes et à portes vitrées
(époque Louis XIV).

273 — Petit Bureau à X, en marqueterie de cuivre et bois,
garni de bronzes (époque Louis XIV).

274 — Meuble en marqueterie de cuivre, garni de bronze,
et à deux portes vitrées. Une partie de ce meuble
date du temps de Louis XIV.

275 — Deux petits Meubles en bois d'ébène, à frises
ornées de figures sculptées en bas-relief et à
moulures en cuivre argenté.

276 — Belle Commode Louis XVI en bois d'acajou, garnie d'anneaux et de pieds en bronze ciselé et
doré. Dessus de marbre brèche.

277 — Commode Louis XIV, de forme cintrée, en bois de
placage et garnie de bronzes.

278 — Petit Meuble, à hauteur d'appui, en marqueterie
d'écaille et cuivre, garni de bronzes et à dessus de marbre blanc. La porte est vitrée.

279 — Soufflet en bois sculpté, à bustes, figures et ornements dans le style du xvi° siècle et portant la
Salamandre.

280 — Table formée d'échantillons de marbre, sur quatre
pieds en bronze de forme cintrée, à têtes et serres
d'aigle.

281 — Belle Frise en bois sculpté et peint en blanc : Cou-
ronne de fleurs et branches de lauriers (époque
Louis XVI).

Vᵉˢ Renou, Maulde et Cock, imprˢ de la Compagnie des Commissaires-Priseurs,
rue de Rivoli, 144.   39648

www.ingramcontent.com/pod-product-compliance
Ingram Content Group UK Ltd.
Pitfield, Milton Keynes, MK11 3LW, UK
UKHW031808170726
13836UKWH00003B/1258